L'AFRIQUE VERS UN DÉVELOPPEMENT LOCAL AUTONOME

Ben Saliou Ndiaye

L'AFRIQUE VERS UN DÉVELOPPEMENT LOCAL AUTONOME

Préface du Dr Mamadou Diaw

L'Harmattan Sénégal

10 VDN, Sicap Amitié 3, Lotissement Cité Police, DAKAR
direction@senharmattan.com
commandes@senharmattan.com
ISBN : 978-2-336-46346-9
EAN : 9782336463469

Sommaire

Préface

En travaillant, pendant plus de trois décennies, pour le compte d'organisations de la coopération internationale, l'opportunité m'a été offerte de participer à la conception et à la mise en œuvre, à travers tout le Sénégal, de nombreux projets de foresterie, d'agroforesterie, de gestion des ressources naturelles, d'éducation et de santé. Cela m'a permis de travailler avec une large gamme d'acteurs internationaux et nationaux dont Ben Saliou Ndiaye.

Il m'est difficile de classer Ben Saliou Ndiaye dans une des catégories d'acteurs identifiées par les anthropologues du développement. Ces catégories comprennent des acteurs qui sont guidés par leur propre logique et poursuivent des intérêts dans leur participation aux projets de développement. Ben Saliou est un acteur du développement sui generis, en ce qu'il présente la particularité d'exercer le difficile et exigeant métier d'enseignant. Cependant, depuis plus deux décennies, Il s'engage à démarcher des partenaires afin de les convaincre de financer de projets de développement visant à améliorer les conditions de vie des communautés des îles du Saloum et du Niombato. Il ne s'en arrête pas là, il se charge lui-même des contraignantes et exigeantes tâches de coordination et de supervision de ces projets.

Ainsi, Ben Saliou est à la fois un militant du développement du fait de son engagement sans faille ; un bénévole au sens strict du terme car utilisant ses propres ressources afin d'être opérationnel ; un philanthrope par nature et non par vocation ; un entrepreneur social, sauf qu'il ne cherche à tirer aucun profit de ses démarches ; et un promoteur du développement endogène, du fait qu'il initie lui-même les projets en relation avec les communautés. Vous conviendrez avec moi que le profil de Ben Saliou est rare au Sénégal et même en Afrique où les projets de développement sont de véritables gagne-pains pour plusieurs types d'acteurs.

À juste raison, Ben Saliou a acquis une solide expérience dans la conception et l'exécution des projets communautaires. En fin observateur et analyste de l'arène des projets de développement, et en tirant des leçons de ses propres réussites et échecs, il a abouti à la conclusion de la nécessité de changer de paradigme afin que les projets de développement aient des impacts positifs et durables sur les communautés dans les pays du Sud.

Ce livre repose sur les retours d'expérience de l'auteur, en matière de conception et d'exécution de projets. Il effectue une recension des changements à opérer, martelés avec conviction en faisant des propositions concrètes. Pour terminer, il lance un appel à l'action à l'endroit des acteurs de tous bords. Sans fioritures et théories fumeuses, dans un style concis, il va droit au but en déclinant ses propositions de changement de paradigme et d'approche, égrenées point par point.

Sans aucun doute, ce livre sera particulièrement utile aux partenaires internationaux, en ce qu'il leur permet d'appréhender une perspective du Sud relative au débat sur le changement de paradigme et d'approche concernant les projets de développement ; aux agents de développement, comme un guide à l'action ; aux étudiants, comme référence et source d'inspiration pour des sujets de recherche sur les projets de développement ; et aux décideurs nationaux et locaux afin qu'ils soient mieux préparés à appuyer la mise en œuvre des projets de développement.

Dr Mamadou Diaw

Consultant.
Senegal In-country Advisor - Healthy Cites for Adolescents (HCA-II)

Introduction

L'Afrique en action : vers un développement local autonome

Au cœur de l'écriture de ces pages se trouve une conviction profonde : celle de l'immense potentiel de l'Afrique pour forger son propre avenir. Bien plus qu'un simple récit académique, *L'Afrique en action : vers un développement local autonome* est une invitation à un voyage, un voyage au-delà des clichés et des stéréotypes qui ont parfois obscurci la perception du continent africain.

J'ai entrepris ce voyage en quête de réponses, mais surtout, en quête de perspectives nouvelles. Mon désir ardent est de vous emmener dans un voyage de découverte, à travers les rues animées de villes africaines, les vastes étendues de terres fertiles, et les communautés dynamiques qui façonnent l'avenir de ce continent extraordinaire.

Ce que vous découvrirez dans ces pages

Ce livre est un témoignage de mon engagement envers l'Afrique, un continent qui, depuis trop longtemps, a été le théâtre de récits basés sur la dépendance, la charité et l'assistance. Mais il est temps de changer de perspective. Dans ces pages, je vous propose un regard frais sur l'action humanitaire et le développement local en Afrique.

Nous explorerons ensemble les origines de l'action humanitaire dans les pays du Nord, ainsi que les motivations initiales qui ont poussé les individus et les nations à s'engager dans cette noble entreprise. Nous plongerons également dans les questions délicates liées à l'imposition de l'action humanitaire sur les pays du Sud en examinant les conséquences potentielles de cette dynamique complexe.

Mais ne vous méprenez pas, ce livre n'est pas un réquisitoire contre l'aide humanitaire. Au contraire, il propose une réflexion approfondie sur la véritable nature de l'aide et la possibilité de transformer cette assistance en un partenariat mutuellement bénéfique. Nous discuterons des raisons justifiant souvent la nécessité de partenaires étrangers pour la mise en œuvre de projets en Afrique tout en explorant les avantages potentiels de ces partenariats.

Nous mettrons également en lumière le potentiel humain et financier incommensurable de l'Afrique pour la réalisation de projets locaux, tout en abordant les défis administratifs qui entravent parfois ces initiatives. Les perceptions complexes des populations locales vis-à-vis des projets de développement seront analysées, tout comme l'importance cruciale du respect mutuel dans les relations entre les acteurs du Nord et du Sud.

Ce livre vous guidera à travers les déséquilibres persistants en matière de ressources, de pouvoir et d'influence entre les acteurs du Nord et leurs partenaires locaux. Il appelle à une réflexion profonde sur la nécessité de repenser nos approches pour favoriser un véritable partenariat équilibré.

Mais ce n'est pas tout. Vous découvrirez également la voix puissante des acteurs locaux et de la société civile en Afrique, ainsi que leurs perspectives uniques sur l'humanitaire et le développement. Ensemble, nous examinerons les solutions proposées pour surmonter les défis et améliorer les pratiques de partenariat.

Au fil des pages, vous serez inspiré par des exemples concrets de succès où un partenariat mutuellement bénéfique a véritablement fonctionné. Vous serez transporté dans un monde où la coopération équilibrée entre les acteurs du Nord et du Sud est une réalité, pas seulement un rêve.

Un voyage qui vous transformera

Ce livre est bien plus qu'une lecture informative. C'est une invitation à la réflexion, à la remise en question, et à l'inspiration. Il vous incitera à voir l'Afrique sous un jour nouveau, à reconnaître son potentiel gigantesque et à célébrer les réussites qui sont le fruit d'un véritable partenariat.

Préparez-vous à un voyage passionnant à travers les paysages variés de l'Afrique, à la découverte de ses habitants résilients, de ses innovateurs audacieux, et de ses leaders visionnaires. Ensemble, nous tracerons la voie vers un avenir où l'autonomie et le développement durable sont à la portée de l'Afrique et de toutes les régions du Sud.

Ouvrez ce livre, et laissez-vous emporter par cette aventure extraordinaire vers un monde de possibilités et de partenariats équitables. L'Afrique en action vous attend, et son avenir dépend de nous tous.

L'importance de ce voyage

Lorsque j'ai entrepris ce voyage intellectuel et géographique à travers l'Afrique, j'ai été frappé par l'urgence de le partager avec vous, chers lecteurs. Nous sommes à un moment charnière de l'histoire, où les enjeux mondiaux appellent à une révision profonde des approches traditionnelles de l'action humanitaire et du développement. Il est temps de dépasser les schémas du passé et d'embrasser un avenir où l'autonomie et la dignité des nations du Sud sont respectées et encouragées.

Au fil de ces pages, vous découvrirez des récits captivants, des témoignages poignants et des analyses perspicaces qui vous aideront à saisir la complexité des enjeux qui demeurent en Afrique et dans les régions du Sud. Vous rencontrerez des personnes exceptionnelles qui ont consacré leur vie à la cause du développement local, des humanitaires dévoués qui ont œuvré pour un changement positif, et des leaders communautaires inspirants qui ont ouvert la voie vers un avenir meilleur.

Un appel à l'action

Je ne prétends pas avoir toutes les réponses, car les défis auxquels l'Afrique est confrontée sont vastes et variés. Cependant, ce livre est un appel à l'action, un appel à la réflexion, et un appel à l'engagement. Il vous encourage à vous impliquer, à contribuer, et à faire partie de cette grande entreprise visant à créer un monde où les partenariats équitables entre le Nord et le Sud sont la norme, plutôt que l'exception.

Que vous soyez un étudiant en quête de connaissances, un professionnel du développement en quête d'inspiration, ou simplement un citoyen du monde désireux de comprendre et de contribuer, vous avez un rôle à jouer dans la réalisation de ce rêve. Ensemble, nous pouvons collaborer pour créer un avenir où l'action humanitaire et le développement local sont véritablement au service des populations, où la solidarité transcende les frontières, et où l'autonomie est la clé du succès.

Préparez-vous à une exploration sans précédent

Alors, préparez-vous à entreprendre ce voyage extraordinaire à travers les pages de *L'Afrique en action : vers un développement local autonome* Nous allons plonger dans les profondeurs de l'âme africaine, explorer les horizons infinis du développement local, et repousser les limites de ce qui est possible lorsque nous unissons nos forces pour le bien commun.

C'est une aventure intellectuelle, émotionnelle et spirituelle qui vous attend. Ainsi, ouvrez votre esprit, ouvrez ce livre, et laissez-vous emporter par la magie de l'Afrique en action. Le voyage commence ici, mais l'impact de ce voyage peut changer le monde.

Chapitre 1

L'Action humanitaire et la vision du Nord

Origine de l'action humanitaire dans les pays du Nord

Pour comprendre pleinement l'essence de l'action humanitaire et son rôle dans le contexte mondial, il est essentiel de remonter aux racines de cette entreprise altruiste. L'histoire de l'action humanitaire, telle que nous la connaissons aujourd'hui, trouve ses origines profondes dans les pays du Nord, et elle est étroitement liée à l'évolution des sociétés, des conflits et des idéaux humanitaires.

L'une des premières manifestations notables de l'action humanitaire remonte au XIXe siècle en Europe. À cette époque, le continent était le théâtre de nombreux conflits dévastateurs, tels que les guerres napoléoniennes et la guerre de Crimée. Ces guerres ont laissé derrière elles un sillage de destruction et de souffrance humaine, incitant des individus et des groupes à intervenir pour soulager les maux de la guerre.

Une figure emblématique de cette période est Henry Dunant, un citoyen suisse qui fut témoin des horreurs de la bataille de Solférino en 1859. Profondément bouleversé par les souffrances des soldats blessés sur le champ de bataille, Dunant fonda la Croix-Rouge en 1863. Cette organisation humanitaire, avec ses principes de neutralité, d'impartialité et d'indépendance, a jeté les bases de l'action humanitaire moderne.

L'action humanitaire n'était cependant pas uniquement motivée par la compassion. Au fil du temps, elle a également été influencée par des considérations politiques, économiques et géopolitiques. Les puissances coloniales du Nord, tout en exploitant les ressources des territoires colonisés, ont parfois mis en place des programmes d'assistance humanitaire pour atténuer les conséquences de leur domination. Cela a donné lieu à une forme d'aide humanitaire teintée de l'idée de « mission civilisatrice », où l'aide était utilisée comme un outil de contrôle et de légitimation du pouvoir colonial.

Au cours du XXe siècle, les deux guerres mondiales ont eu un impact majeur sur l'action humanitaire. La Croix-Rouge a joué un rôle crucial en fournissant une aide aux victimes des conflits, et de nouvelles organisations humanitaires ont vu le jour pour faire face aux défis sans précédent posés par ces guerres dévastatrices.

Après la Seconde Guerre mondiale, l'ONU est née avec pour mission de maintenir la paix et la sécurité internationales, mais également de promouvoir le développement économique et social. L'humanitaire est devenu un domaine d'activité distinct, avec des organisations telles que le Haut-Commissariat des Nations unies pour les réfugiés (HCR) et le Programme alimentaire mondial (PAM), qui ont été créés pour répondre aux besoins humanitaires croissants dans le monde.

Dans les années qui ont suivi, l'action humanitaire a connu une expansion rapide, alimentée par des crises humanitaires de grande ampleur, notamment des conflits armés, des catastrophes naturelles et des pandémies. Les pays du Nord, en tant que principaux acteurs de l'action humanitaire, ont joué un rôle central dans la mobilisation des ressources et des compétences nécessaires pour répondre à ces crises.

Cependant, il est important de noter que l'action humanitaire n'a pas toujours été exempte de critiques. Des voix se sont élevées pour remettre en question la neutralité et l'impartialité des acteurs humanitaires, ainsi que leur capacité à opérer de manière indépendante dans des contextes politiquement sensibles. Certaines critiques ont souligné l'influence des intérêts géopolitiques des pays du Nord sur la distribution de l'aide humanitaire, ce qui a parfois conduit à des déséquilibres dans la réponse aux crises.

L'origine de l'action humanitaire dans les pays du Nord a donc été marquée par des avancées significatives en matière de secours aux personnes en détresse, mais aussi par des dilemmes éthiques et politiques complexes. Ce chapitre, et ce livre dans son ensemble, cherchera à considérer ces enjeux en profondeur tout en proposant des pistes de réflexion sur la manière dont l'action humanitaire peut évoluer vers un modèle plus équilibré et inclusif, favorisant un développement local autonome en Afrique et dans d'autres régions du Sud.

Les motivations initiales derrière l'engagement humanitaire

Au-delà des origines historiques de l'action humanitaire dans les pays du Nord, il est essentiel de plonger dans les motivations profondes qui ont poussé tant d'individus et d'organisations à s'engager dans cette entreprise altruiste. Comprendre ces motivations nous permet de saisir les dynamiques sous-jacentes qui ont façonné le développement de l'action humanitaire au fil des décennies.

L'une des motivations fondamentales qui ont inspiré l'engagement humanitaire est la compassion. Le désir de soulager la souffrance humaine est une force puissante qui a poussé des individus à franchir des frontières, à risquer leur propre sécurité, et à consacrer leur vie à aider les autres. Cette compassion trouve souvent sa source dans des expériences personnelles telles que des rencontres avec des personnes en détresse ou des témoignages bouleversants de souffrance humaine.

Mais l'engagement humanitaire ne se limite pas à la simple compassion. Il est également alimenté par des convictions morales profondes. Beaucoup d'acteurs humanitaires sont animés par une croyance en la dignité intrinsèque de chaque être humain et en la responsabilité collective de protéger cette dignité. Cette conviction les pousse à agir en faveur de la justice sociale, de la solidarité et de l'égalité, en s'efforçant de réduire les inégalités et de promouvoir les droits de l'homme.

Un autre moteur puissant de l'engagement humanitaire est le désir de faire une différence concrète dans le monde. Les humanitaires aspirent à avoir un impact positif sur la vie des personnes en détresse, à contribuer à la résolution des crises, à atténuer la pauvreté et à sauver des vies. Cette quête de résultats tangibles les pousse à s'investir corps et âme dans des projets souvent exigeants et complexes.

L'engagement humanitaire peut également être motivé par le besoin de témoigner et de documenter les injustices. De nombreux journalistes, photographes et activistes des droits de l'homme s'engagent dans l'action humanitaire pour exposer au monde les souffrances cachées, les violations des droits de l'homme et les crises. Leur travail contribue à sensibiliser l'opinion publique et à mobiliser des ressources en faveur des populations affectées.

Cependant, il est important de noter que les motivations derrière l'engagement humanitaire ne sont pas monolithiques. Elles varient en fonction des individus et des organisations. Certains sont motivés par des valeurs religieuses, tandis que d'autres sont animés par des convictions politiques ou philosophiques. Les motivations peuvent également évoluer au fil du temps, en réponse aux expériences vécues sur le terrain et aux défis rencontrés.

L'histoire de l'action humanitaire est marquée par des figures emblématiques qui incarnaient ces motivations. Des personnalités telles que Florence Nightingale, Médecins Sans Frontières, et Malala Yousafzai ont laissé une empreinte indélébile dans le domaine humanitaire grâce à leur engagement passionné en faveur de la compassion, de la justice et du changement positif.

Cependant, tout comme l'histoire de l'action humanitaire est marquée par des actes héroïques et altruistes, elle comporte également des défis et des dilemmes complexes. Le chapitre suivant explorera les questions liées à l'imposition de l'action humanitaire sur les pays du Sud et les conséquences potentielles de cette dynamique, soulignant ainsi la nécessité d'une réflexion approfondie sur les motivations et les pratiques de l'action humanitaire moderne.

Chapitre 2

L'imposition de l'action humanitaire

Les questions liées à l'imposition de l'action humanitaire dans les pays du Sud

L'action humanitaire, bien qu'animée par des motivations nobles, n'est pas toujours exempte de controverses et de critiques, en particulier lorsqu'elle est perçue comme imposée ou paternaliste. Dans ce chapitre, nous allons examiner les questions sensibles qui entourent l'imposition de l'action humanitaire dans les pays du Sud en mettant en lumière les préoccupations légitimes soulevées par de nombreuses voix critiques.

L'une des principales préoccupations concerne la question de la souveraineté nationale. Les pays du Sud, tout comme ceux du Nord, ont le droit de définir leurs propres politiques et priorités de développement. Lorsque des acteurs du Nord interviennent de manière unilatérale dans des contextes humanitaires ou de développement, cela peut être perçu comme une violation de la souveraineté nationale. Cela soulève des questions sur qui détient le pouvoir de décision et quelle voix prévaut dans la conception des programmes et des projets.

Un autre sujet de préoccupation est l'efficacité de l'aide humanitaire lorsque celle-ci est imposée. Il est possible que les programmes humanitaires et de développement conçus sans une compréhension approfondie des réalités locales ne répondent pas aux besoins réels des populations touchées. L'imposition de solutions standardisées peut entraîner un gaspillage de ressources et une inefficacité dans l'atteinte des objectifs.

De plus, l'imposition de l'action humanitaire contribue parfois à la dépendance des pays du Sud à l'égard de l'aide étrangère. Lorsque les ressources et les compétences nécessaires à la résolution des problèmes locaux sont apportées de l'extérieur, cela peut inhiber le développement de capacités locales et affaiblir la résilience des communautés face aux crises futures.

La question de la pertinence culturelle est également cruciale. Les projets humanitaires et de développement qui ignorent les valeurs, les croyances et les traditions locales risquent de se heurter à la résistance des populations concernées. Il est essentiel de reconnaître que les approches universelles ne sont pas toujours adaptées à des contextes culturellement divers.

Lorsque l'action humanitaire est perçue comme imposée, elle peut également susciter des réactions de méfiance et de suspicion. Les acteurs humanitaires du Nord sont alors perçus comme ayant des motivations cachées, qu'elles soient politiques, économiques ou géopolitiques. Cette méfiance risque de compliquer la coopération et d'entraver l'efficacité des interventions.

Il est donc impératif de réfléchir de manière critique à la manière dont l'action humanitaire est conçue et mise en œuvre. Les partenariats locaux, la consultation des communautés affectées et la prise en compte des contextes spécifiques sont autant d'approches qui peuvent contribuer à éviter l'imposition de l'aide humanitaire.

Ce chapitre souligne la nécessité d'un dialogue ouvert et inclusif entre les acteurs du Nord et du Sud pour garantir que l'action humanitaire soit véritablement au service des populations touchées. Les prochains chapitres exploreront plus en profondeur la possibilité de transformer l'aide humanitaire en un partenariat mutuellement bénéfique et les raisons justifiant souvent la nécessité de partenaires étrangers pour la mise en œuvre de projets en Afrique, nous mettant ainsi sur la voie d'une action humanitaire plus équilibrée et respectueuse des réalités locales.

Chapitre 3

Aide publique au développement ou partenariat gagnant-gagnant ?

Réflexion sur la véritable nature de l'aide humanitaire

Dans le dédale complexe de l'action humanitaire et du développement, il est essentiel de se poser une question fondamentale : quelle est la véritable nature de l'aide humanitaire ? Cette question, en apparence simple, cache en réalité une multitude de réflexions profondes qui touchent à l'essence même de l'altruisme et de la solidarité internationale.

L'aide humanitaire, telle que nous la connaissons aujourd'hui, est souvent associée à une réponse immédiate à des crises humanitaires, telles que des conflits armés, des catastrophes naturelles, ou des épidémies. Elle repose sur le principe de soulager la souffrance humaine et de sauver des vies, des objectifs nobles qui ont guidé d'innombrables acteurs humanitaires dans le monde entier.

Cependant, il est important de reconnaître que l'aide humanitaire ne se limite pas à la simple fourniture de secours d'urgence. Elle englobe également des initiatives de développement à plus long terme visant à améliorer les conditions de vie des communautés vulnérables. Ces programmes de développement humanitaire cherchent à résoudre les causes profondes de la vulnérabilité, qu'il s'agisse de la pauvreté, de la faim, de l'accès limité à l'éducation ou de l'insécurité alimentaire.

L'aide humanitaire repose sur des principes fondamentaux, tels que la neutralité, l'impartialité et l'indépendance, qui visent à garantir que l'assistance est fournie en fonction des besoins des bénéficiaires, sans discrimination ni parti pris. Cependant, malgré ces principes éthiques, l'aide humanitaire n'est pas à l'abri de critiques et de dilemmes moraux.

L'une des critiques fréquentes concerne son approche parfois paternaliste de l'aide humanitaire, dont les acteurs du Nord sont perçus comme des bienfaiteurs qui viennent au secours des populations du Sud. Cette perception contribue à renforcer les dynamiques de dépendance et de passivité, au lieu de promouvoir l'autonomie des communautés locales.

Une autre question soulevée est celle de la durabilité. Il arrive que l'aide humanitaire, en se concentrant souvent sur la réponse immédiate à des crises, néglige la construction de capacités locales et la promotion du développement à long terme. Cela risque d'entraîner une dépendance continue à l'égard de l'aide étrangère plutôt que de renforcer la résilience des communautés pour qu'elles puissent faire face aux défis futurs de manière autonome.

La question des priorités est également cruciale. Les acteurs du Nord ont parfois tendance à imposer des agendas de développement qui correspondent à leurs propres intérêts et préoccupations plutôt que d'écouter les besoins et les aspirations des populations locales. Cette approche peut entraver la pertinence et l'efficacité des interventions.

Enfin, il est important de considérer l'aide humanitaire comme un acte de solidarité internationale. L'aide n'est pas simplement un transfert de ressources, mais une manifestation de notre humanité commune. Elle repose sur l'idée que, en tant que membres de la famille mondiale, nous avons la responsabilité de venir en aide à ceux qui sont dans le besoin.

Cependant, pour que l'aide humanitaire soit véritablement efficace et respectueuse de la dignité des bénéficiaires, il est essentiel de réfléchir de manière critique à ses motivations, à ses pratiques et à ses conséquences. Cela nous amène à la deuxième partie de ce chapitre, où nous traiterons la possibilité de transformer l'aide en un partenariat mutuellement bénéfique, favorisant ainsi un développement local autonome en Afrique et ailleurs.

La possibilité de transformer l'aide en un partenariat mutuellement bénéfique

Face aux défis et aux critiques qui entourent parfois l'aide humanitaire, une question se pose naturellement : comment pouvons-nous transformer cette aide en un partenariat véritablement mutuellement bénéfique entre les acteurs du Nord et du Sud ? Cette réflexion est au cœur des efforts visant à promouvoir un développement local autonome en Afrique et dans d'autres régions du Sud.

L'une des clés pour réaliser cette transformation réside dans le concept de partenariat. Plutôt que de percevoir l'aide comme une relation unilatérale, où les acteurs du Nord fournissent une assistance aux acteurs du Sud, le partenariat envisage une collaboration équilibrée et respectueuse entre des acteurs de différentes régions du monde.

Un partenariat mutuellement bénéfique repose sur plusieurs principes fondamentaux. Tout d'abord, il exige une écoute active des voix des acteurs locaux. Les communautés affectées, les organisations de la société civile et les gouvernements des pays du Sud doivent être au cœur du processus décisionnel. Leurs perspectives, leurs besoins et leurs aspirations doivent guider la conception et la mise en œuvre des projets humanitaires et de développement.

De plus, le partenariat nécessite une transparence totale et un partage de l'information. Les acteurs du Nord doivent être ouverts quant à leurs intentions, leurs objectifs et leurs ressources. De même, les acteurs du Sud doivent être responsables de la gestion et de la reddition de comptes pour l'utilisation des ressources qui leur sont confiées.

La collaboration étroite entre les acteurs du Nord et du Sud est également essentielle. Cela signifie travailler ensemble à chaque étape, depuis la planification jusqu'à l'évaluation, en partageant les responsabilités et les compétences. Les partenaires du Nord apportent leur expertise et leurs ressources, tandis que les partenaires du Sud contribuent avec leur connaissance locale, leur expérience et leur leadership.

Le partenariat mutuellement bénéfique dépasse la simple mise en œuvre de projets. Il vise à renforcer les capacités locales, à favoriser l'autonomie des communautés et à promouvoir le développement durable. Il s'agit de bâtir des partenariats à long terme qui permettent aux populations de devenir des acteurs actifs de leur propre développement.

Une autre composante clé du partenariat réside dans la reconnaissance des spécificités locales. Chaque contexte est unique, avec ses propres défis, opportunités et cultures. Les approches standardisées doivent céder la place à des solutions adaptées à chaque réalité locale.

Le partenariat mutuellement bénéfique n'est pas une utopie, mais une réalité qui peut être atteinte grâce à un engagement sincère, à une réflexion critique et à une remise en question constante des pratiques existantes. Il repose sur la conviction que chaque être humain a le droit à la dignité, à la justice et à l'égalité, et que nous pouvons travailler ensemble pour réaliser ces aspirations communes.

Au fil du chapitre suivant, nous explorerons davantage les moyens concrets de mettre en œuvre ce partenariat équilibré, en mettant en lumière des exemples inspirants dans lesquels cette approche a porté ses fruits. Nous chercherons à dépasser les défis historiques de l'aide humanitaire pour ouvrir la voie à un développement local autonome et durable, où les acteurs du Nord et du Sud se tiennent la main pour construire un avenir meilleur.

Chapitre 4

Le recours aux partenaires étrangers

La mise en œuvre de projets en Afrique, qu'ils soient liés au développement local, à l'humanitaire, à l'infrastructure ou à d'autres domaines, requiert souvent la collaboration de partenaires étrangers. Cette nécessité découle de plusieurs facteurs et repose sur des avantages potentiels substantiels. Dans ce chapitre, nous identifierons les raisons sous-jacentes justifiant la nécessité de collaborer avec des partenaires étrangers et les opportunités qu'ils apportent.

Raisons justifiant souvent la nécessité de collaborer avec des partenaires étrangers

Expertise technique et compétences spécifiques : Les partenaires étrangers apportent souvent des compétences techniques avancées et une expertise spécifique essentielles pour la mise en œuvre réussie de projets complexes. Que ce soit dans le domaine de la santé, de l'ingénierie, de l'éducation ou d'autres secteurs, la contribution d'experts étrangers complète et renforce les capacités locales.

Accès aux ressources financières : Les partenaires étrangers, qu'il s'agisse d'organisations internationales, de gouvernements étrangers ou d'ONG, ont généralement un accès plus facile aux ressources financières nécessaires pour financer des projets de grande envergure. Ils savent mobiliser des fonds à grande échelle, ce qui est souvent difficile pour les acteurs locaux.

Réseaux internationaux : Les partenaires étrangers apportent avec eux des réseaux internationaux précieux. Ces connexions facilitent ainsi la mobilisation de ressources, la coordination avec d'autres acteurs internationaux et l'accès à de meilleures pratiques mondiales.

Capacité de mobilisation d'urgence : Dans le contexte de catastrophes naturelles, de crises humanitaires ou de situations d'urgence, les partenaires étrangers sont souvent mieux préparés à mobiliser rapidement des ressources et à mettre en place des opérations d'urgence. Leur capacité à répondre rapidement participe à sauver des vies.

Partage des charges : Les projets de développement peuvent être coûteux en matière de temps, d'argent et de ressources humaines. Les partenaires étrangers partagent alors une partie de ces charges, soulageant ainsi les acteurs locaux de leur fardeau.

Les avantages potentiels de ces partenariats

Transfert de connaissances : Les partenariats étrangers peuvent servir de plateforme pour le transfert de connaissances et de compétences. Les acteurs locaux ont l'occasion d'apprendre des partenaires étrangers, d'acquérir de nouvelles compétences, et de renforcer leur expertise.

Développement des capacités locales : Les partenaires étrangers ont souvent pour objectif de renforcer les capacités locales. Ils travaillent en étroite collaboration avec les acteurs locaux pour les autonomiser, favorisant ainsi un développement durable et l'indépendance à long terme.

Innovation et meilleures pratiques : Les partenaires étrangers apportent souvent des idées innovantes et de meilleures pratiques éprouvées. Leur expérience internationale stimule l'innovation locale et améliore la qualité des projets.

Élargissement de l'impact : La collaboration avec des partenaires étrangers permet d'atteindre un public plus large et d'avoir un impact plus significatif. Les ressources et les compétences supplémentaires multiplient les résultats positifs.

Visibilité internationale : Les projets en partenariat avec des acteurs étrangers ont souvent une visibilité internationale accrue. Cela attire l'attention sur les problèmes locaux, mobilise davantage de ressources et renforce la réputation des acteurs locaux.

Cependant, il est important de noter que la collaboration avec des partenaires étrangers ne doit pas être aveugle. Elle doit être basée sur des principes de respect mutuel, de transparence, et de participation des acteurs locaux. Les partenariats étrangers doivent viser à renforcer l'autonomie des communautés locales plutôt qu'à les subordonner.

Ce chapitre souligne l'importance des partenariats internationaux dans la réalisation du développement local en Afrique et offre un aperçu des avantages et des considérations qui accompagnent ces collaborations. Il pose également les bases pour étudier davantage la question des déséquilibres Nord-Sud et de la nécessité de repenser les approches de développement dans les chapitres suivants.

Chapitre 5

Potentiel humain et financier en Afrique

L'Afrique, le deuxième continent le plus peuplé du monde, regorge d'un potentiel humain et financier considérable qui reste largement sous-exploité. Pour réaliser des projets locaux de développement, il est crucial de mettre en évidence ces atouts et de comprendre comment ils peuvent être mobilisés de manière efficace et durable. Dans ce chapitre, nous explorerons en détail ce potentiel humain et financier en mettant en lumière les opportunités qu'il offre pour le développement local.

Le potentiel humain de l'Afrique

L'Afrique compte actuellement plus de 1,3 milliard d'habitants, avec une population jeune en croissance rapide. Cette jeunesse démographique représente un atout considérable pour le continent. Voici quelques points saillants du potentiel humain de l'Afrique.

Main-d'œuvre abondante : L'Afrique possède une main-d'œuvre abondante, ce qui se révèle être un avantage pour la réalisation de projets locaux. Cette main-d'œuvre jeune a la possibilité d'être formée et employée dans divers secteurs, de l'agriculture à l'industrie en passant par les services.

Créativité et innovation : Les jeunes Africains sont souvent porteurs d'idées créatives et innovantes. Ils ont la capacité de développer des solutions novatrices face aux défis locaux, que ce soit dans la technologie, la santé, l'éducation ou d'autres domaines.

Diversité culturelle : L'Afrique est un continent d'une grande diversité culturelle, linguistique et ethnique. Cette diversité se pose comme un atout dans la réalisation de projets locaux, car elle apporte des perspectives variées et des compétences interculturelles.

Dynamisme entrepreneurial : L'entrepreneuriat est en plein essor en Afrique, avec de nombreux jeunes créateurs d'entreprises cherchant à résoudre des problèmes locaux et à stimuler la croissance économique.

Potentiel éducatif : Bien que des défis subsistent en matière d'accès à l'éducation, de nombreux pays africains ont progressé dans ce domaine. L'investissement dans l'éducation est en mesure de renforcer le capital humain et de préparer la main-d'œuvre à des emplois de haute qualité.

Le potentiel financier de l'Afrique

En plus de son potentiel humain, l'Afrique offre également des opportunités financières considérables pour la réalisation de projets locaux. Voici quelques aspects du potentiel financier de l'Afrique.

Ressources naturelles : L'Afrique détient d'importantes ressources naturelles, notamment des minéraux, des hydrocarbures, des terres arables et des ressources en eau. L'exploitation et la gestion durables de ces ressources peuvent générer des revenus substantiels pour le développement local.

Marchés en croissance : De nombreux marchés africains connaissent une croissance rapide, offrant des opportunités pour les entreprises locales et étrangères. La classe moyenne en expansion constitue un marché potentiel pour les produits et services locaux.

Investissements étrangers : L'Afrique attire de plus en plus d'investissements étrangers, notamment dans les infrastructures, l'industrie, l'énergie renouvelable et d'autres secteurs clés. Ces investissements permettent de stimuler la croissance économique et la création d'emplois.

Diaspora africaine : La diaspora africaine à l'étranger envoie régulièrement des devises et chacun investit dans son pays d'origine. Ces flux financiers contribuent au développement local et à la réduction de la pauvreté.

Institutions financières africaines : Les institutions financières africaines, telles que les banques, les fonds d'investissement et les sociétés d'assurance, jouent un rôle significatif dans le financement du développement local. Elles facilitent l'accès aux capitaux nécessaires.

Cependant, il est important de noter que la mobilisation de ce potentiel humain et financier ne se fait pas automatiquement. Elle nécessite des politiques et des stratégies appropriées, ainsi que des partenariats efficaces entre les acteurs locaux et internationaux. De plus, elle doit être basée sur des principes de durabilité, de responsabilité sociale et environnementale, et de respect des droits de l'homme.

Ce chapitre met en lumière l'énorme potentiel de l'Afrique sur le plan des ressources humaines et financières pour la réalisation de projets locaux de développement. Il pose les bases pour apprécier les défis et les opportunités qui découlent de la mobilisation de ce potentiel dans les chapitres suivants.

Chapitre 6

Les difficultés administratives

Exploration des obstacles administratifs auxquels sont confrontés les porteurs de projets en Afrique

Lorsque l'on entreprend des projets de développement en Afrique, il est impossible d'ignorer les nombreux obstacles administratifs qui se dressent sur le chemin des porteurs de projets. Ces difficultés, bien que diverses, sont souvent un défi majeur pour ceux qui cherchent à promouvoir le développement local dans leur région. Dans cette première partie, nous allons mesurer ces obstacles administratifs, qui peuvent prendre différentes formes et avoir des répercussions profondes sur le développement.

Complexité bureaucratique : Les systèmes administratifs en Afrique se révèlent notoirement complexes, avec de multiples niveaux de gouvernement, des réglementations nombreuses et parfois contradictoires, ainsi que des procédures longues et coûteuses pour l'obtention de permis et d'autorisations. Cette complexité bureaucratique ralentit considérablement la mise en œuvre des projets et accroît les coûts.

Corruption : La corruption, bien qu'elle ne soit pas spécifique à l'Afrique, est particulièrement préoccupante dans certains pays de la région. Elle se manifeste à différents niveaux de l'administration, de la petite corruption quotidienne aux pots-de-vin pour obtenir des contrats ou des licences. La corruption sape la transparence, l'équité et l'efficacité des processus administratifs. Il est tout aussi important de prendre en compte les rites et coutumes liés aux offrandes.

Instabilité politique : L'instabilité politique et les changements fréquents de gouvernement peuvent créer des incertitudes pour les porteurs de projets. Les politiques et les réglementations sont susceptibles de changer rapidement, ce qui rend difficiles la planification à long terme et la prise de décisions éclairées.

Manque de coordination : La coordination entre les différents ministères et organismes gouvernementaux est parfois insuffisante. Les porteurs de projets se retrouvent alors à jongler entre différentes entités administratives, ce qui entraîne des retards et des confusions.

Inadéquation des compétences administratives : Dans certains cas, les fonctionnaires administratifs manquent des compétences nécessaires pour traiter efficacement les questions liées aux projets de développement. Cela entraîne fatalement des erreurs, des retards et des obstacles.

Faible capacité de gouvernance locale : Dans certaines régions, en particulier les zones rurales, la capacité de gouvernance locale est limitée. Les administrations locales manquent de ressources et de compétences pour gérer efficacement les projets de développement.

Impact de ces difficultés sur le développement local

Les obstacles administratifs mentionnés ci-dessus ne sont pas simplement des problèmes abstraits ; ils entraînent des conséquences tangibles sur le développement local en Afrique. Voici quelques-uns des impacts les plus significatifs.

Retards et coûts supplémentaires : Les retards administratifs augmentent les coûts de mise en œuvre des projets, ce qui épuise les budgets et les ressources disponibles. La mise en place des projets prend souvent beaucoup plus de temps que prévu, ce qui compromet souvent leur efficacité.

Découragement des investisseurs : Les obstacles administratifs sont susceptibles de décourager les investisseurs nationaux et étrangers, qui préfèrent souvent investir là où les procédures sont plus simples et la corruption moins répandue. Cela limite les opportunités de financement et de partenariat.

Iniquités dans la distribution des avantages : Lorsque la corruption est présente, elle peut conduire à des iniquités dans la distribution des avantages économiques des projets. Les ressources et les opportunités sont souvent accaparées par un petit nombre d'acteurs, laissant la population locale sans bénéfices tangibles.

Réduction de la confiance du public : Les dysfonctionnements administratifs réduisent la confiance du public dans les institutions gouvernementales et les acteurs du développement. Cela entraîne de fait des tensions sociales et des conflits, ce qui est préjudiciable à la stabilité et à la cohésion sociales.

Limitation de la portée des projets : Les obstacles administratifs limitent souvent la portée des projets de développement. Les projets sont souvent conçus pour contourner ces obstacles, ce qui signifie qu'ils peuvent ne pas répondre adéquatement aux besoins réels des communautés locales.

Pour surmonter ces obstacles administratifs et favoriser le développement local en Afrique, il est essentiel de travailler en étroite collaboration avec les gouvernements locaux, les organismes de réglementation et les communautés affectées. Les réformes administratives, la promotion de la transparence et de la responsabilité, ainsi que la sensibilisation à ces enjeux sont des étapes cruciales vers des processus administratifs plus efficaces et équitables. Ce chapitre met en lumière les défis, mais aussi les opportunités de réforme administrative en vue de favoriser un développement local plus inclusif et durable.

Réduction de l'efficacité des programmes sociaux : Les obstacles administratifs peuvent également entraver la mise en œuvre efficace de programmes sociaux destinés à l'amélioration des conditions de vie des populations locales. Les retards, la corruption et les incohérences bureaucratiques nuisent à la distribution de services essentiels tels que la santé, l'éducation et l'accès à l'eau potable.

Réduction de l'attrait des investissements étrangers : Les problèmes administratifs dissuadent souvent les investisseurs étrangers qui souhaitent s'engager dans des projets de développement en Afrique. Les retards et la corruption sont perçus comme des risques élevés, ce qui limite les investissements étrangers qui pourraient stimuler la croissance économique.

Perte d'opportunités économiques : Les retards administratifs entravent la capacité des entreprises locales à tirer parti des opportunités économiques. Des délais dans l'obtention de licences ou de permis signifient souvent que les entreprises ratent des occasions de croissance et de développement.

Déstabilisation sociale : Les frustrations liées aux obstacles administratifs peuvent entraîner des manifestations, des troubles sociaux et même des conflits. La frustration de la population face à la corruption et à l'inefficacité peut se transformer en mécontentement généralisé.

Marginalisation des groupes vulnérables : Les groupes vulnérables, tels que les femmes, les minorités ethniques et les populations rurales, sont souvent les plus touchés par les obstacles administratifs. Ils ont moins accès aux ressources et aux services, ce qui renforce les inégalités.

Il est important de noter que les conséquences des difficultés administratives ne sont pas uniformes dans toute l'Afrique. Les défis varient d'un pays à l'autre et même d'une région à l'autre. Cependant, ils représentent un obstacle significatif à la réalisation du développement local autonome et équitable.

Pour surmonter ces obstacles et favoriser un développement local plus efficace, il est impératif que les gouvernements africains s'engagent dans des réformes administratives sérieuses. Cela comprend la simplification des procédures bureaucratiques, la lutte contre la corruption, l'amélioration de la coordination interne et la promotion de la transparence. En outre, la participation active des communautés locales dans la prise de décision et dans la mise en œuvre des projets est essentielle pour garantir que les projets répondent véritablement à leurs besoins.

Ce chapitre met en lumière l'ampleur des défis administratifs auxquels sont confrontés les porteurs de projets en Afrique et les répercussions significatives de ces obstacles sur le développement local. Il souligne également la nécessité d'engager des réformes administratives pour promouvoir un environnement propice à un développement équitable et durable.

Chapitre 7

La perception des projets par les populations locales

Lorsqu'il s'agit de projets humanitaires et de développement en Afrique, il est essentiel de reconnaître que la perception des populations locales est un facteur déterminant de leur succès ou de leur échec. Ces perceptions sont souvent complexes, influencées par une multitude de facteurs culturels, sociaux, économiques et historiques. Dans ce chapitre, nous allons plonger au cœur de cette complexité pour comprendre comment les populations locales perçoivent ces projets et quel impact cela peut avoir sur leur mise en œuvre.

Facteurs influençant la perception des projets

Contexte culturel : La culture joue un rôle prépondérant dans la manière dont les populations locales perçoivent les projets. Les valeurs, les croyances, les traditions et les normes sociales façonnent la manière dont les interventions étrangères sont accueillies et interprétées. Par exemple, un projet qui ne prend pas en compte les coutumes locales sera probablement mal perçu.

Historique colonial : Dans de nombreuses régions d'Afrique, l'histoire coloniale a laissé des cicatrices profondes qui influencent la méfiance à l'égard des étrangers et des projets étrangers. Les populations locales peuvent être sceptiques quant aux motivations des acteurs du Nord, craignant que leurs actions ne cachent des intérêts.

Participation communautaire : Les projets qui impliquent activement les communautés locales dans leur conception et leur mise en œuvre ont tendance à être mieux acceptés. Les populations veulent avoir leur mot à dire et être considérées comme des partenaires, pas comme des bénéficiaires passifs.

Transparence et communication : La manière dont les acteurs du développement communiquent sur leurs projets a un impact majeur sur la perception des populations locales. Une communication transparente, honnête et ouverte est essentielle pour établir la confiance.

Impact réel : Les populations locales évaluent souvent les projets en fonction de leur impact réel sur leur vie quotidienne. Les projets qui apportent des avantages tangibles, tels que l'accès à l'eau potable, l'amélioration de la santé ou l'augmentation des revenus, sont généralement mieux perçus.

Conséquences de la perception des projets

Engagement ou rejet : La manière dont les populations locales perçoivent un projet influence leur degré d'engagement. Une perception positive peut encourager la participation active, tandis qu'une perception négative peut entraîner un rejet ou une résistance.

Impact sur l'efficacité : La perception des projets a également un impact sur leur efficacité. Les projets mal perçus rencontrent souvent des obstacles dans leur mise en œuvre, tandis que les projets bien accueillis bénéficient d'une plus grande coopération.

Durabilité à long terme : Les projets qui sont perçus positivement par les populations locales ont tendance à avoir une plus grande durabilité. Les communautés locales sont plus enclines à prendre soin des infrastructures et des ressources si elles se sentent investies dans leur création.

Réputation des acteurs du développement : La perception des projets a un impact sur la réputation des acteurs du développement, qu'ils soient gouvernementaux, non gouvernementaux ou internationaux. Une mauvaise perception peut nuire à leur réputation, entraînant des conséquences sur d'autres projets à venir.

Dynamique sociale : Les perceptions des projets peuvent également influencer la dynamique sociale au sein des communautés. Des projets mal perçus ont tendance à provoquer des tensions et des conflits, tandis que des projets bien gérés renforcent la cohésion communautaire.

Comprendre la perception des projets par les populations locales est essentiel pour améliorer la qualité et l'impact des interventions de développement en Afrique. Cela nécessite une écoute active, une adaptation aux contextes locaux, une communication transparente et une véritable collaboration avec les communautés. Ce chapitre met en évidence l'importance de ces facteurs dans la réussite des projets de développement et souligne la nécessité de placer les populations locales au cœur de ces initiatives.

Chapitre 8

L'importance du respect et de la considération

L'importance du respect mutuel

L'un des piliers essentiels pour établir des relations fructueuses entre les acteurs du Nord et du Sud dans les domaines de l'action humanitaire et du développement est le respect mutuel. Cette notion transcende les frontières, les cultures et les contextes socio-économiques. Elle est au cœur de la construction de partenariats solides et durables.

Reconnaître la dignité de chacun : Le respect mutuel commence par la reconnaissance de la dignité intrinsèque de chaque individu, quelle que soit sa nationalité, sa race, sa religion ou sa position socio-économique. Tous les acteurs, qu'ils soient du Nord ou du Sud, sont égaux en dignité et en droits.

Éviter l'arrogance et le paternalisme : Les acteurs du Nord doivent éviter tout comportement arrogant ou paternaliste envers leurs homologues du Sud. L'attitude condescendante nuit à la création de partenariats véritablement équilibrés.

Écouter et apprendre : Le respect mutuel implique l'écoute active des perspectives et des connaissances des acteurs locaux. Les personnes vivant sur place sont souvent les mieux placées pour comprendre les besoins réels et les dynamiques locales.

Reconnaître les compétences locales : Les compétences et les ressources locales doivent être reconnues et valorisées. Le Nord ne devrait pas chercher à imposer des solutions toutes faites, mais plutôt à soutenir et à renforcer les capacités locales.

Promouvoir l'équité : Le respect mutuel implique également la promotion de l'équité dans les relations. Cela signifie éviter l'exploitation et les déséquilibres de pouvoir et garantir que tous les acteurs bénéficient de manière égale des avantages du partenariat.

L'importance de la considération

La considération est un autre élément essentiel dans la construction de relations fructueuses. Elle consiste à prendre en compte les besoins, les préoccupations et les aspirations des autres parties, et à agir en conséquence. La considération va de pair avec le respect mutuel pour créer un environnement propice à la coopération et à la compréhension mutuelle.

Comprendre les contextes locaux : La considération implique de prendre le temps de comprendre les contextes locaux, y compris les enjeux culturels, sociaux et économiques. Cela permet de concevoir des interventions plus adaptées et efficaces.

Répondre aux besoins prioritaires : Les acteurs du Nord doivent être attentifs aux besoins prioritaires des communautés locales. Cela signifie ne pas imposer des agendas étrangers, mais plutôt travailler en collaboration pour répondre aux besoins réels.

Transparence dans les processus décisionnels : La considération inclut la transparence dans les processus décisionnels. Les populations locales doivent être informées des décisions qui les concernent et avoir la possibilité de participer aux prises de décision.

Respecter les aspirations locales : Les projets de développement devraient respecter les aspirations des communautés locales. Cela signifie prendre en compte leurs objectifs à long terme et leur vision du développement.

Réagir aux retours d'information : La considération implique également de réagir de manière constructive aux retours d'information des populations locales. Si des préoccupations sont soulevées, elles doivent être prises au sérieux et, si possible, traitées de manière appropriée.

Le respect mutuel et la considération sont les fondations sur lesquelles des partenariats équilibrés et fructueux doivent être construits. Ils permettent de dépasser les inégalités de pouvoir et les déséquilibres qui ont parfois caractérisé les relations entre le Nord et le Sud. En mettant en avant ces principes, les acteurs de l'action humanitaire et du développement contribuent à favoriser un développement local autonome et durable, en accord avec les aspirations des populations locales. Ce chapitre souligne l'importance de ces valeurs dans la promotion d'un partenariat équitable et respectueux.

Éthique de l'intervention : La considération englobe également l'éthique de l'intervention. Les acteurs du Nord doivent se demander si leur intervention est justifiée et si elle respecte les principes éthiques fondamentaux, tels que le consentement informé des populations locales.

Protection des droits de l'homme : La considération des droits de l'homme est essentielle. Les projets de développement ne doivent pas compromettre les droits fondamentaux des populations locales, mais plutôt les renforcer. Cela inclut le respect des droits à la vie, à la liberté, à la dignité et à la participation.

Durabilité environnementale : La considération de l'environnement est cruciale. Les projets de développement doivent minimiser leur impact environnemental et contribuer à la durabilité à long terme de l'écosystème local.

Résolution de conflits : La considération joue également un rôle dans la résolution des conflits potentiels. Les acteurs du développement doivent être prêts à intervenir de manière constructive en cas de conflit, en favorisant le dialogue et la médiation.

Reconnaissance des succès locaux : Enfin, la considération implique de reconnaître et de célébrer les succès locaux. Les populations locales ont souvent des solutions innovantes et efficaces à leurs problèmes, et il est important de les valoriser.

L'importance du respect mutuel et de la considération dans les relations entre les acteurs du Nord et du Sud ne peut être surestimée. Ces principes fondamentaux contribuent à créer un environnement de confiance, de respect et de coopération. Ils permettent aux projets de développement de répondre véritablement aux besoins des communautés concernées et de favoriser un développement local autonome et durable.

Il est essentiel que les acteurs du développement intègrent ces principes dans leurs pratiques et leurs politiques. Cela nécessite une réflexion profonde sur les dynamiques de pouvoir, la responsabilité et l'éthique. En plaçant le respect mutuel et la considération au cœur de leurs actions, les acteurs du Nord et du Sud peuvent contribuer à façonner un avenir où les partenariats sont équilibrés, respectueux et axés sur la réalisation du bien-être des populations locales.

Chapitre 9

Les déséquilibres Nord-Sud

Lorsque l'on examine les relations entre les acteurs du Nord et leurs partenaires locaux dans les domaines de l'action humanitaire et du développement en Afrique, il est difficile de ne pas remarquer les déséquilibres significatifs qui existent en ce qui concerne les ressources, le pouvoir et l'influence. Ces déséquilibres ont des répercussions profondes sur la nature des partenariats et sur la capacité des communautés locales à influencer leur propre développement. Dans ce chapitre, nous allons évaluer en détail ces déséquilibres et discuter des défis qu'ils posent.

Déséquilibres en matière de ressources

Financement asymétrique : L'un des déséquilibres les plus évidents réside dans le financement. Les acteurs du Nord ont généralement un accès plus important aux ressources financières, ce qui leur donne un pouvoir significatif dans la planification et la mise en œuvre des projets. Les organisations du Sud ont souvent du mal à mobiliser des ressources adéquates pour leurs propres initiatives.

Technologie et expertise : Les acteurs du Nord ont souvent un accès privilégié à la technologie de pointe et à l'expertise. Cela leur confère un avantage dans la conception de projets et la gestion de programmes. Les partenaires locaux du Sud se retrouvent parfois en position de dépendance vis-à-vis de cette expertise extérieure.

Accès aux réseaux mondiaux : Les acteurs du Nord ont également un accès plus facile aux réseaux mondiaux et aux forums internationaux. Cela leur permet d'influencer les politiques et les agendas mondiaux, tandis que les acteurs du Sud ont souvent moins de possibilités pour faire entendre leur voix.

Déséquilibres en matière de pouvoir

Prise de décision centralisée : Les décisions clés liées aux projets et aux programmes sont souvent prises de manière centralisée par les acteurs du Nord, ce qui limite la participation des partenaires locaux. Les communautés locales ont souvent peu de pouvoir dans le processus décisionnel.

Contrôle des ressources : Les acteurs du Nord ont souvent le contrôle des ressources financières et matérielles, ce qui leur donne un levier de pouvoir important. Les partenaires locaux peuvent se retrouver en position de dépendance économique.

Normes et critères internationaux : Les normes et les critères internationaux utilisés pour évaluer les projets sont souvent définis par les acteurs du Nord. Cela crée des attentes et des exigences qui ne correspondent pas toujours aux réalités locales, ce qui peut entraîner des tensions.

Déséquilibres en matière d'influence

Influence politique : Les acteurs du Nord ont généralement une influence politique plus grande à l'échelle internationale, ce qui leur permet de peser dans les décisions politiques et les politiques de développement. Les partenaires locaux ont moins d'influence dans ces arènes.

Visibilité médiatique : Les acteurs du Nord ont souvent une visibilité médiatique plus grande, ce qui leur permet de d'être plus compétitifs sur le plan des projets et des initiatives. Les voix des partenaires locaux ont tendance à être moins entendues.

Accès aux ressources intellectuelles : Les partenaires du Nord ont souvent un accès privilégié aux ressources intellectuelles, telles que les données, les analyses et les rapports. Cela leur donne un avantage dans la formulation des politiques et des stratégies.

Ces déséquilibres en ressources, en pouvoir et en influence sont susceptibles de créer des relations inégales et de renforcer la dépendance des partenaires locaux vis-à-vis des acteurs du Nord. Ils peuvent également compromettre la pertinence et l'efficacité des projets de développement en ne prenant pas en compte les perspectives et les besoins locaux.

Pour surmonter ces déséquilibres, il est essentiel de promouvoir une répartition plus équitable des ressources, de renforcer la participation des partenaires locaux dans les processus décisionnels, de promouvoir la reconnaissance des connaissances locales et de favoriser la coopération plutôt que la domination. Ce chapitre met en évidence les défis posés par ces déséquilibres et souligne la nécessité d'œuvrer pour des partenariats plus équitables et respectueux.

Chapitre 10

Le besoin de repenser les approches

Exploration de la nécessité de repenser les approches

Dans notre quête de la promotion d'un véritable partenariat équilibré entre les acteurs du Nord et du Sud dans l'action humanitaire et le développement, il est impératif de reconnaître la nécessité de repenser fondamentalement nos approches. Les modèles traditionnels de coopération internationale ont souvent été teintés de déséquilibres et de paternalisme. Il est temps d'examiner en profondeur ce besoin de changement et de réinventer nos approches pour créer des partenariats plus équitables et respectueux.

Sortir de la logique du donneur et du bénéficiaire : L'une des premières étapes pour repenser nos approches consiste à abandonner la logique du donneur et du bénéficiaire. Cette dichotomie crée un déséquilibre de pouvoir inhérent et perpétue l'idée que les acteurs du Nord détiennent les ressources et le savoir, tandis que les partenaires locaux sont passifs et dépendants.

Reconnaître la complémentarité des connaissances : Une nouvelle approche devrait reconnaître la complémentarité des connaissances. Les partenaires locaux possèdent une expertise inestimable de leurs réalités, leurs besoins et leurs cultures. Cette expertise doit être valorisée et intégrée dans la conception des projets.

Prioriser l'autonomie des communautés locales : Repenser nos approches implique également de prioriser l'autonomie des communautés locales. Les projets de développement devraient être conçus pour renforcer la capacité des populations locales à prendre en charge leur propre développement, plutôt que de créer une dépendance continue.

Promouvoir la participation active : Les approches doivent également promouvoir la participation active des partenaires locaux dans toutes les étapes du processus, de la planification à la mise en œuvre, à l'évaluation et à la prise de décision. Les communautés doivent avoir une voix significative.

Écouter et apprendre en permanence : Une nouvelle approche doit être basée sur une culture d'écoute et d'apprentissage constant. Les acteurs du Nord doivent être ouverts aux retours d'information, aux critiques constructives et aux ajustements en fonction des réalités locales.

Les avantages d'une réinvention des approches

Meilleure efficacité : Repenser nos approches pour favoriser un véritable partenariat équilibré permettrait d'améliorer l'efficacité des projets de développement. En intégrant les perspectives locales et en favorisant l'appropriation communautaire, les projets ont plus de chances de réussir.

Durabilité accrue : Une réinvention des approches peut également contribuer à accroître la durabilité des initiatives de développement. Lorsque les communautés locales sont véritablement engagées, elles ont tendance à prendre soin des ressources et des infrastructures à long terme.

Renforcement des capacités locales : En donnant la priorité à l'autonomie des partenaires locaux, les approches réinventées contribuent à renforcer leurs capacités. Cela signifie qu'ils seront mieux préparés à gérer leur propre développement.

Renforcement des partenariats : Des approches équitables favorisent également le renforcement des partenariats. Les acteurs du Nord et du Sud ont la possibilité de travailler main dans la main en tant que véritables partenaires, ce qui conduit à des collaborations plus fructueuses.

Réduction des déséquilibres : Enfin, une réinvention des approches contribue à réduire les déséquilibres en matière de ressources, de pouvoir et d'influence. Elle participe à créer un environnement où tous les acteurs sont égaux en dignité et en droits.

Repenser nos approches est une étape cruciale pour promouvoir un véritable partenariat équilibré dans l'action humanitaire et le développement. Cela demande une remise en question profonde de nos pratiques, de nos structures et de nos mentalités. Cependant, les avantages potentiels en matière d'efficacité, de durabilité et de renforcement des capacités locales en valent la peine. Ce chapitre appelle à l'engagement en faveur de ce changement nécessaire pour créer un monde où le développement local autonome et équitable devient une réalité.

Chapitre 11

La voix des acteurs locaux

Mise en avant de la voix des acteurs locaux

Au cœur de tout effort visant à promouvoir un véritable partenariat équilibré en Afrique dans le domaine de l'action humanitaire et du développement se trouve la nécessité de mettre en avant la voix des acteurs locaux. Trop souvent, ces voix ont été reléguées au second plan, marginalisées au profit des perspectives et des intérêts des acteurs du Nord. Cependant, les acteurs locaux, y compris la société civile en Afrique, ont une contribution inestimable à apporter à la compréhension et à la réalisation du développement local autonome.

L'importance de l'écoute active : Miser sur la voix des acteurs locaux commence par une écoute active. Il est essentiel de créer des espaces où les communautés locales, les organisations de la société civile, les leaders communautaires et les individus peuvent s'exprimer en toute confiance. Leurs perspectives, leurs préoccupations et leurs idées doivent être prises au sérieux.

Valorisation des connaissances locales : Les acteurs locaux possèdent une connaissance intime de leurs réalités. Leurs connaissances locales sont essentielles pour comprendre les enjeux, les défis et les opportunités dans chaque contexte. Les pratiques de développement devraient s'appuyer sur cette expertise.

Renforcement des capacités locales : Miser sur la voix des acteurs locaux implique également de renforcer leurs capacités. Cela peut se faire par le biais de la formation, de l'accès à des ressources et de la création d'opportunités pour qu'ils puissent jouer un rôle actif dans le développement de leurs communautés.

Participation significative : La participation des acteurs locaux ne doit pas être symbolique, mais significative. Ils devraient être impliqués à toutes les étapes du processus, depuis la planification jusqu'à la mise en œuvre et l'évaluation des projets.

Leur perspective sur l'humanitaire et le développement

Vision holistique du développement : Les acteurs locaux ont souvent une vision holistique du développement qui prend en compte non seulement les aspects économiques, mais aussi les dimensions sociales, culturelles et environnementales. Leur perspective élargie contribue à des approches plus complètes.

Accent sur la durabilité à long terme : Les acteurs locaux ont tendance à mettre l'accent sur la durabilité à long terme. Ils sont souvent préoccupés par la pérennité des initiatives de développement au-delà de la phase initiale de mise en œuvre.

Adaptation aux réalités locales : En comprenant mieux les réalités locales, les acteurs locaux sont plus enclins à proposer des solutions adaptées. Ils sont en mesure de concevoir des projets qui répondent aux besoins réels de leurs communautés.

Renforcement de la résilience communautaire : Les actions des acteurs locaux sont souvent axées sur le renforcement de la résilience communautaire. Ils cherchent à donner la capacité à leurs communautés de faire face aux défis, qu'il s'agisse de crises humanitaires, de changement climatique ou d'autres enjeux.

La mise en avant de la voix des acteurs locaux est essentielle pour un véritable partenariat équilibré en Afrique. Leurs perspectives enrichissent la compréhension du développement local autonome et contribuent à des projets plus efficaces et plus pertinents. Ce chapitre plaide en faveur d'un changement de paradigme qui accorde la place qu'elles méritent à la voix des acteurs locaux et à leur expertise précieuse.

Les défis et les avantages de la prise en compte de la voix des acteurs locaux

Défis liés à la diversité des voix : Prendre en compte la voix des acteurs locaux peut être complexe en raison de la diversité des perspectives au sein des communautés locales. Il peut y avoir des divergences d'opinions et des intérêts contradictoires, ce qui nécessite un processus de dialogue inclusif pour trouver des solutions équilibrées.

Barrières linguistiques et culturelles : Les acteurs du Nord peuvent être confrontés à des barrières linguistiques et culturelles lorsqu'ils cherchent à comprendre et à intégrer la voix des acteurs locaux. Cependant, surmonter ces obstacles est essentiel pour une communication effective.

Temps et investissement : La prise en compte de la voix des acteurs locaux peut demander du temps et des ressources. Il faut investir dans la création de canaux de communication, la formation et le renforcement des capacités pour que cette voix soit entendue de manière significative.

Avantages de la diversité : Les avantages de la prise en compte de la voix des acteurs locaux sont nombreux. En embrassant la diversité des perspectives, les projets sont plus susceptibles d'être pertinents, efficaces et durables. Les solutions sont mieux adaptées aux besoins réels des communautés.

Renforcement de l'appropriation communautaire : La voix des acteurs locaux favorise l'appropriation communautaire des projets. Lorsque les communautés sont actives dans la conception et la mise en œuvre des initiatives, elles sont plus à même de les soutenir et de les pérenniser.

Création de partenariats équilibrés : La prise en compte de la voix des acteurs locaux est un élément clé pour la création de partenariats équilibrés. Elle renverse les dynamiques de pouvoir inégales et place les acteurs locaux sur un pied d'égalité avec les acteurs du Nord.

En fin de compte, la mise en avant de la voix des acteurs locaux est un impératif moral et pratique. Elle conduit à des projets de développement plus inclusifs, responsables et adaptés aux besoins des communautés locales. Elle contribue également à renforcer les partenariats entre le Nord et le Sud, favorisant ainsi un véritable développement local autonome en Afrique. Ce chapitre appelle à l'engagement en faveur de cette démarche essentielle pour un avenir plus équitable et prospère.

Chapitre 12

Les solutions proposées

Examen des solutions proposées

Face aux défis et aux déséquilibres qui caractérisent souvent les partenariats entre les acteurs du Nord et du Sud dans l'action humanitaire et le développement en Afrique, il est essentiel d'examiner de près les solutions proposées. Ces solutions visent à surmonter les obstacles existants et à améliorer les pratiques de partenariat pour favoriser un véritable développement local autonome et équitable.

Renforcement des capacités locales : Une solution clé réside dans le renforcement des capacités des acteurs locaux. Cela implique de fournir une formation, un soutien technique et financier, pour permettre aux partenaires locaux de jouer un rôle plus actif dans la conception, la gestion et l'évaluation des projets.

Promotion de la transparence et de la redevabilité : La transparence et la redevabilité sont des principes fondamentaux pour des partenariats équitables. Les acteurs du Nord devraient rendre compte de leurs actions de manière transparente et être ouverts aux évaluations indépendantes.

Adoption de modèles de partenariat équilibrés : Il est crucial d'adopter des modèles de partenariat équilibrés qui reconnaissent la complémentarité des rôles entre les acteurs du Nord et du Sud. Cela signifie abandonner la logique du donneur et du bénéficiaire au profit d'une collaboration mutuellement bénéfique.

Engagement à long terme : Les partenariats fructueux nécessitent un engagement à long terme. Il est important de ne pas se limiter à des projets à court terme, mais de s'engager dans des relations de partenariat solides et durables.

Mobilisation de ressources locales : Pour réduire la dépendance aux financements extérieurs, mobiliser les ressources locales est essentiel. Cela peut se faire en encourageant l'investissement privé, la promotion de l'économie locale et la création d'opportunités économiques.

Les avantages des solutions proposées

Autonomie renforcée : Le renforcement des capacités locales et la mobilisation de ressources locales contribuent à l'autonomie des partenaires locaux. Ils sont ainsi mieux préparés à gérer leur propre développement.

Partenariats équilibrés : L'adoption de modèles de partenariat équilibrés favorise la création de partenariats plus équilibrés, où tous les acteurs sont égaux en dignité et en droits.

Impact durable : Les partenariats à long terme et la promotion de la transparence et de la redevabilité contribuent à des projets plus durables avec un impact semblable sur les communautés locales.

Pertinence accrue : En renforçant la participation des acteurs locaux dans la conception des projets, les initiatives sont plus susceptibles d'être pertinentes et adaptées aux besoins réels des communautés.

Évolution des pratiques mondiales : L'adoption de pratiques de partenariat équitables a potentiellement un impact au-delà de la région africaine. Elle peut inspirer des changements plus larges dans les pratiques mondiales en matière d'action humanitaire et de développement.

Il est temps de mettre en œuvre ces solutions proposées pour surmonter les défis existants et créer un environnement propice à un véritable partenariat équilibré en Afrique. Ces solutions ne sont pas seulement théoriques, elles sont réalisables et essentielles pour créer un avenir où le développement local autonome et équitable devient une réalité pour toutes les communautés en Afrique et au-delà.

Résistance aux changements : L'une des principales difficultés dans la mise en œuvre de ces solutions réside souvent dans la résistance aux changements. Les modèles de partenariat existants ont été mis en place depuis longtemps et remettre en question ces pratiques établies peut entraîner une réticence chez les acteurs du Nord et du Sud.

Besoin de coordination internationale : La promotion de partenariats équitables nécessite une coordination internationale. Les acteurs du Nord et du Sud doivent travailler ensemble pour élaborer des normes et des pratiques qui favorisent l'équité et la justice.

Investissements financiers et en temps : La mise en œuvre de ces solutions nécessite des investissements financiers et en temps. Il peut être coûteux de renforcer les capacités locales et d'établir des partenariats durables, mais les avantages à long terme en valent la peine.

Gestion des déséquilibres existants : En travaillant pour créer des partenariats plus équilibrés, il est également nécessaire de gérer les déséquilibres existants de manière proactive. Cela peut signifier des ajustements pour assurer que les partenaires locaux ne soient pas exploités ou marginalisés.

Éducation et sensibilisation : L'éducation et la sensibilisation sont essentielles pour faciliter la mise en œuvre de ces solutions. Les acteurs du Nord et du Sud doivent comprendre les avantages d'une approche équitable et être prêts à s'engager dans ce changement de paradigme.

Malgré ces défis, il est impératif de persévérer dans la mise en œuvre des solutions proposées. Les avantages potentiels en matière d'autonomie renforcée, de partenariats équilibrés, d'impact durable et de pertinence accrue sont trop importants pour être ignorés. Ce chapitre appelle à l'action collective pour surmonter les obstacles et créer un monde où le développement local autonome et équitable est la norme.

Chapitre 13

Le partenariat gagnant-gagnant en action

Le partenariat gagnant-gagnant est le saint Graal des relations internationales en matière d'action humanitaire et de développement. Il incarne l'idée que toutes les parties impliquées dans un projet en bénéficient, contribuant ainsi à un résultat positif et durable. Ce chapitre explore des cas de succès concrets où de tels partenariats ont fonctionné de manière exemplaire, démontrant ainsi la faisabilité et l'impact de cette approche.

L'initiative de microfinance au Sénégal

Au Sénégal, une initiative de microfinance a été lancée en partenariat entre une ONG internationale et des organisations locales de microfinance. L'objectif était de fournir des services financiers abordables aux populations rurales et vulnérables, en favorisant l'autonomie économique des communautés locales.

Les éléments clés du succès

Compréhension des besoins locaux : Le partenariat a débuté par une étude approfondie des besoins financiers et des réalités locales. Les organisations de base ont fourni des informations cruciales sur les pratiques financières existantes et les besoins de crédit.

Transfert de compétences : L'ONG internationale a apporté un soutien financier, mais aussi un transfert de compétences. Elle a formé les organisations locales à la gestion financière, à la création de produits adaptés au marché local et à la gestion des risques.

Participation active des bénéficiaires : Les bénéficiaires ont été activement impliqués dans la conception des produits financiers. Ils ont ainsi contribué à créer des solutions adaptées à leurs besoins spécifiques.

Responsabilité partagée : Le partenariat a été fondé sur la responsabilité partagée. Les organisations locales étaient responsables de la gestion quotidienne des opérations, tandis que l'ONG internationale fournissait un soutien continu et un accès à des ressources financières.

Résultats

Au fil du temps, cette initiative de microfinance a connu un succès considérable. Les communautés rurales ont accès à des services financiers abordables qui ont stimulé l'entrepreneuriat local. Les taux de remboursement des prêts sont élevés, ce qui garantit la durabilité financière du programme. De plus, les compétences en gestion financière acquises ont renforcé les capacités locales et favorisé le développement économique à long terme.

Le programme de lutte contre le paludisme au Rwanda

Au Rwanda, un partenariat entre le gouvernement rwandais, des organisations internationales de santé et des ONG locales a permis de mettre en œuvre un programme de lutte contre le paludisme. L'objectif était de réduire considérablement la prévalence du paludisme dans le pays.

Les éléments clés du succès

Coopération multisectorielle : Le partenariat a rassemblé des acteurs de différents secteurs, y compris la santé, l'éducation et l'environnement. Cette approche holistique a permis d'aborder le paludisme sous plusieurs angles.

Mobilisation des ressources : Les organisations internationales ont apporté un financement substantiel, tandis que les ONG locales ont fourni une expertise contextuelle. Les ressources ont été judicieusement utilisées pour mettre en œuvre des interventions efficaces.

Éducation et sensibilisation : Le programme a mis l'accent sur l'éducation et la sensibilisation des communautés locales. Des campagnes de sensibilisation ont été menées pour informer la population sur les moyens de prévenir le paludisme.

Suivi et évaluation continus : Le partenariat a maintenu un suivi régulier des progrès réalisés en utilisant des indicateurs de santé pour mesurer l'impact des interventions. Les ajustements ont été apportés en fonction des résultats.

Résultats

Ce partenariat a obtenu des résultats impressionnants. La prévalence du paludisme a considérablement diminué au Rwanda, réduisant ainsi la morbidité et la mortalité liées à cette maladie. De plus, le programme a renforcé la capacité du système de santé rwandais à répondre aux besoins de santé de la population de manière plus globale.

Le projet d'énergie solaire au Burkina Faso

Au Burkina Faso, un partenariat entre des entreprises internationales d'énergie solaire et des coopératives locales a permis de fournir un accès à l'électricité propre et abordable dans les zones rurales éloignées.

Les éléments clés du succès

Technologie adaptée : Les entreprises internationales ont adapté leurs technologies pour répondre aux besoins spécifiques des zones rurales du Burkina Faso. Elles ont développé des systèmes solaires abordables et faciles à entretenir.

Formation et transfert de compétences : Les coopératives locales ont reçu une formation pour installer, entretenir et réparer les systèmes solaires. Cela a créé des emplois locaux et renforcé les compétences techniques des communautés.

Accès à des financements abordables : Les partenaires internationaux ont facilité l'accès à des financements abordables pour les ménages ruraux. Cela a permis aux communautés de s'équiper en systèmes solaires.

Engagement à long terme : Le partenariat s'est engagé sur le long terme pour assurer la pérennité des systèmes solaires et maintenir un soutien continu.

Résultats

Ce partenariat a transformé la vie des communautés rurales au Burkina Faso. L'accès à l'électricité propre a amélioré la qualité de vie, renforcé l'accès à l'éducation et à la santé, et stimulé l'entrepreneuriat local. De plus, les coopératives locales ont développé des compétences techniques qui ont ouvert de nouvelles opportunités économiques.

Ces cas de succès démontrent que le partenariat gagnant-gagnant n'est pas un concept utopique, mais une réalité concrète. Ils soulignent l'importance de la compréhension des besoins locaux, de la collaboration multisectorielle, de l'investissement sur le long terme et de la responsabilité partagée. Ils inspirent également d'autres initiatives à suivre cette voie pour un développement local autonome et équitable en Afrique et dans le monde.

Chapitre 14

Vers une coopération équilibrée

La vision d'une coopération équilibrée entre les acteurs du Nord et du Sud dans l'action humanitaire et le développement en Afrique est à la fois un objectif louable et une nécessité impérieuse. L'équilibre dans les partenariats internationaux est essentiel pour garantir un véritable développement local autonome et équitable. Ce chapitre explore cette vision et définit les objectifs nécessaires pour parvenir à une collaboration plus équitable.

La vision d'une coopération équilibrée

Une coopération équilibrée entre les acteurs du Nord et du Sud se caractérise par plusieurs éléments clés.

Égalité en dignité et en droits : Tous les acteurs, qu'ils soient du Nord ou du Sud, sont considérés comme des partenaires égaux en dignité et en droits. Aucun acteur ne domine ou n'impose sa volonté à l'autre.

Complémentarité des rôles : Les partenaires reconnaissent la complémentarité de leurs rôles. Chaque acteur apporte ses compétences, ses ressources et son expertise pour contribuer au succès du projet.

Participation active des acteurs locaux : Les acteurs locaux, y compris les communautés bénéficiaires, sont activement impliqués dans la prise de décision, la planification, la mise en œuvre et l'évaluation des projets.

Transparence et redevabilité : Toutes les parties s'engagent à maintenir des niveaux élevés de transparence et de redevabilité. Les décisions, les financements et les résultats sont accessibles au public et sujets à un examen indépendant.

Appropriation locale : Les projets sont conçus pour être appropriés localement, reflétant les besoins et les aspirations des communautés bénéficiaires. Les acteurs locaux ont un véritable pouvoir de décision sur leur propre développement.

Objectifs pour une collaboration plus équitable

Pour concrétiser cette vision de coopération équilibrée, plusieurs objectifs sont essentiels.

Renforcer les capacités locales : L'objectif principal est de renforcer les capacités des acteurs locaux, y compris les gouvernements, les ONG locales et les communautés. Cela signifie fournir une formation, ainsi qu'un soutien technique et financier pour permettre aux partenaires locaux de jouer un rôle plus actif dans la conception, la gestion et l'évaluation des projets.

Promouvoir la responsabilité partagée : Les partenaires internationaux doivent accepter une plus grande responsabilité dans la création de partenariats équilibrés. Cela implique de reconnaître les déséquilibres existants et de travailler activement pour les corriger.

Mobiliser les ressources locales : Les partenariats doivent encourager la mobilisation de ressources locales. Ceci est possible en favorisant l'investissement privé, en promouvant l'économie locale et en créant des opportunités économiques.

Éduquer et sensibiliser : L'éducation et la sensibilisation sont essentielles pour faciliter la transition vers une coopération équilibrée. Les acteurs du Nord et du Sud doivent comprendre les avantages d'une approche équitable et être prêts à s'engager dans ce changement de paradigme.

Promouvoir la diversité et l'inclusion : Les partenariats doivent promouvoir la diversité et l'inclusion. Cela signifie reconnaître et valoriser les différentes perspectives et expériences des acteurs du Nord et du Sud.

Soutenir la recherche et l'innovation locales : Les partenariats doivent encourager la recherche et l'innovation locales pour résoudre les défis spécifiques auxquels sont confrontées les communautés locales.

Maintenir l'engagement à long terme : Les partenariats fructueux nécessitent un engagement à long terme. Il est important de ne pas se limiter à des projets à court terme, mais de s'engager dans des relations de partenariat solides et durables.

La réalisation de ces objectifs nécessite un engagement collectif de la part des acteurs du Nord et du Sud, ainsi qu'un changement de mentalité et de pratiques. Cependant, les avantages potentiels en matière d'autonomie renforcée, de partenariats équilibrés, d'impact durable et de pertinence accrue sont incommensurables. Cette coopération équilibrée est la voie vers un développement local authentique et équitable en Afrique et au-delà.

Chapitre 15

L'avenir avec le partenariat Sud-Sud

Réflexion sur l'avenir du partenariat Sud-Sud

Le partenariat Sud-Sud représente un élément crucial de l'avenir de l'action humanitaire et du développement local en Afrique et dans d'autres régions du Sud. Cette première partie du chapitre se penche sur l'évolution du partenariat Sud-Sud et propose une réflexion sur son avenir.

Origines et évolution du partenariat Sud-Sud

Le partenariat Sud-Sud trouve ses racines dans les mouvements de décolonisation du XXe siècle, lorsque de nombreux pays africains et asiatiques ont acquis leur indépendance. Ces pays nouvellement indépendants ont cherché à coopérer entre eux pour surmonter les défis du développement.

L'évolution du partenariat Sud-Sud a été marquée par plusieurs étapes importantes.

Les années de solidarité politique : Dans les années qui ont suivi la décolonisation, de nombreuses nations africaines et asiatiques ont œuvré ensemble pour promouvoir leur indépendance politique et économique. Des organisations telles que le Mouvement des pays non alignés ont été créées pour renforcer la solidarité entre les pays du Sud.

L'ère de la coopération technique : Dans les années 1960 et 1970, les pays du Sud ont commencé à partager leurs compétences techniques et leur expertise dans des domaines tels que l'agriculture, la santé et l'éducation. Des programmes de coopération technique ont été mis en place pour soutenir le développement.

L'essor économique : Au cours des décennies suivantes, certains pays du Sud ont connu un essor économique significatif. Les économies émergentes, telles que le Brésil, l'Inde et l'Afrique du Sud, sont devenues des acteurs clés de la coopération Sud-Sud en investissant dans d'autres pays en développement.

La diversification des partenariats : Le partenariat Sud-Sud ne se limite plus aux gouvernements. Les entreprises, les ONG et les institutions académiques jouent désormais un rôle majeur dans la coopération entre les pays du Sud.

L'avenir du partenariat Sud-Sud

L'avenir du partenariat Sud-Sud est prometteur, mais comporte également des défis. Voici quelques réflexions sur ce que pourrait réserver l'avenir.

Renforcer la solidarité régionale : Les pays du Sud ont souvent des préoccupations et des défis communs en raison de leur histoire et de leur géographie partagées. Il est essentiel de renforcer la solidarité régionale pour relever ces défis ensemble.

Promouvoir l'autonomie et la résilience : Le partenariat Sud-Sud devrait se concentrer sur le renforcement de l'autonomie des pays en développement. Cela signifie investir dans l'éducation, la formation, l'innovation et la diversification économique.

Inclure les acteurs non étatiques : Les partenariats Sud-Sud doivent aller au-delà des gouvernements et inclure les entreprises, les ONG et la société civile. Cela permettra de mobiliser un éventail plus large de ressources et d'expertise.

Favoriser la durabilité : Les partenariats Sud-Sud doivent intégrer des pratiques durables dans leurs projets et initiatives. Cela contribuera à réduire l'impact environnemental et à créer des résultats à long terme.

Objectifs pour favoriser l'autonomie et le développement durable

Pour favoriser l'autonomie et le développement durable en Afrique et dans d'autres régions du Sud, plusieurs objectifs clés doivent être poursuivis.

Renforcer les capacités locales : Investir massivement dans l'éducation, la formation et le renforcement des compétences locales pour permettre aux communautés de prendre en charge leur propre développement.

Promouvoir la diversification économique : Encourager la diversification des économies locales pour réduire leur dépendance à l'égard de secteurs vulnérables.

Soutenir l'innovation : Favoriser l'innovation locale en encourageant la recherche, le développement technologique et la créativité entrepreneuriale.

Établir des partenariats équitables : Promouvoir des partenariats équitables entre les acteurs du Nord et du

Sud, fondés sur le respect mutuel, la transparence et la responsabilité partagée.

Renforcer la résilience communautaire : Investir dans la construction de communautés résilientes capables de faire face aux défis tels que les catastrophes naturelles, les crises économiques et les changements climatiques.

Soutenir les initiatives locales : Donner la priorité aux initiatives locales et aux solutions développées par les communautés elles-mêmes, en reconnaissant leur connaissance contextuelle et leur expertise.

Promouvoir la durabilité environnementale : Intégrer des pratiques de développement durable dans tous les aspects des projets et des initiatives, en minimisant les impacts environnementaux.

L'avenir du partenariat Sud-Sud repose sur une vision de coopération équilibrée et sur la réalisation d'objectifs concrets axés sur l'autonomie et le développement durable. Cela nécessite un engagement collectif, une réflexion stratégique et un changement de paradigme pour transformer la coopération internationale en une force motrice du progrès authentique.

Objectifs pour favoriser l'autonomie et le développement durable

Soutenir les initiatives locales : Donner la priorité aux initiatives locales et aux solutions développées par les communautés elles-mêmes en reconnaissant leur connaissance contextuelle et leur expertise.

La promotion des initiatives locales est une clé essentielle pour favoriser l'autonomie et le développement durable. Cela signifie donner aux communautés locales la possibilité de concevoir, de mettre en œuvre et de gérer leurs propres projets de développement. Cette approche a plusieurs avantages.

Appropriation locale : Lorsque les communautés sont impliquées dans la conception et la gestion des projets, elles se sentent davantage investies dans leur succès. Elles se l'approprient, ce qui les motive à travailler activement pour la réussite du projet.

Connaissance contextuelle : Les communautés locales possèdent une connaissance approfondie de leur environnement, de leurs besoins et de leurs défis. Leur expertise contextuelle est inestimable pour concevoir des solutions adaptées.

Durabilité à long terme : Les initiatives locales ont tendance à être plus durables à long terme car elles sont intégrées dans le tissu social et économique de la communauté. Les solutions locales sont mieux acceptées et entretenues.

Renforcement de la confiance : En impliquant les communautés locales dans le processus décisionnel, on renforce la confiance entre les acteurs du développement. Les relations de partenariat deviennent plus solides et durables.

Pour soutenir les initiatives locales, il est essentiel de créer un environnement propice à leur émergence et à leur succès. Cela passe par plusieurs actions.

Formation et renforcement des capacités : Les communautés locales doivent être formées et renforcées pour développer les compétences nécessaires à la gestion de projets. Cela inclut entre autres la gestion financière, la planification stratégique et la mobilisation des ressources.

Accès aux ressources : Les communautés ont besoin d'un accès équitable aux ressources, qu'il s'agisse de financements, de technologies ou de connaissances. Les partenaires du développement doivent faciliter cet accès.

Soutien technique et conseil : Les communautés peuvent bénéficier d'un soutien technique et de conseils d'experts pour la mise en œuvre de leurs projets. Cela inclut par exemple des conseils sur la conception, la gestion et l'évaluation de projets.

Réseaux de collaboration : Les communautés locales peuvent bénéficier de la création de réseaux de collaboration avec d'autres acteurs du développement, y compris des ONG, des institutions académiques et des entreprises locales.

Reconnaissance et valorisation : Il est essentiel de reconnaître et de valoriser le rôle des communautés locales dans le développement. Cela peut se faire par le biais de célébrations, de prix ou de reconnaissances formelles.

En soutenant les initiatives locales, le partenariat Sud-Sud est en mesure de jouer un rôle crucial dans la création de communautés autonomes et résilientes. Les solutions développées localement sont souvent les plus adaptées aux besoins spécifiques des communautés, et elles contribuent à un développement authentique et durable.

Conclusion générale

Au terme de ce voyage à travers les méandres de l'action humanitaire, de l'imposition des politiques de développement, de la quête d'un véritable partenariat gagnant-gagnant, et de la reconnaissance de la voix et du potentiel des acteurs locaux, nous pouvons tirer des leçons essentielles pour l'avenir de l'Afrique et des régions du Sud.

Leçons apprises

L'importance de l'autonomie locale : L'autonomie des communautés locales est la pierre angulaire du développement authentique. Le développement ne doit pas être imposé de l'extérieur ; il doit émaner des besoins, des aspirations et de la créativité des populations locales.

Le partenariat équilibré est la clé : Les partenariats équilibrés entre les acteurs du Nord et du Sud sont indispensables. Ils doivent être fondés sur la confiance, le respect mutuel, la transparence et la responsabilité partagée. Ce n'est qu'en travaillant ensemble en tant que partenaires égaux que nous pouvons espérer un véritable changement.

L'écoute des acteurs locaux est cruciale : Les acteurs locaux et les communautés doivent être écoutés et consultés à chaque étape du processus de développement. Leurs voix sont riches de connaissances, d'expérience et d'idées novatrices qui permettent d'orienter les projets vers la réussite.

La durabilité est essentielle : Les projets de développement doivent être conçus pour être durables à long terme. Cela signifie non seulement préserver l'environnement, mais aussi renforcer les capacités locales, créer des opportunités économiques et favoriser la résilience communautaire.

Le changement de mentalité est nécessaire : Les approches traditionnelles de l'action humanitaire et du développement doivent évoluer. Un changement de mentalité est nécessaire pour passer d'une approche paternaliste à une approche basée sur l'autonomie et le partenariat.

L'avenir de l'Afrique et des régions du Sud

L'avenir de l'Afrique et des régions du Sud dépend en grande partie de notre capacité à mettre en pratique ces leçons. Il repose sur la vision d'un développement local authentique, équilibré et durable. Cela signifie investir dans l'autonomie des populations locales, soutenir les initiatives locales, promouvoir la diversification économique, renforcer la résilience et favoriser des partenariats équitables.

Le partenariat Sud-Sud joue un rôle central dans cet avenir. Il offre l'opportunité aux pays du Sud de se soutenir mutuellement, d'apprendre les uns des autres et de construire un avenir meilleur ensemble. Il incarne la solidarité entre nations et la conviction que nous sommes tous responsables du bien-être de notre planète et de ses habitants.

Ce livre est un plaidoyer pour un développement local autonome et équilibré en Afrique et dans les régions du Sud. Il invite les acteurs du Nord à écouter, à apprendre et à agir en partenariat avec les acteurs locaux. Il encourage les acteurs locaux à saisir les rênes de leur propre développement.

En conclusion, l'avenir est entre nos mains. Le choix est le nôtre : continuer sur la voie de l'imposition et de la dépendance, ou embrasser la vision d'un partenariat équilibré et de l'autonomie locale. L'histoire du développement humain est encore en train de s'écrire, et il appartient à chacun de nous de contribuer à un chapitre meilleur et plus équitable pour tous.

Tables des matières

Structures éditoriales du groupe L'Harmattan

L'Harmattan Italie
Via degli Artisti, 15
10124 Torino
harmattan.italia@gmail.com

L'Harmattan Hongrie
Kossuth l. u. 14-16.
1053 Budapest
harmattan@harmattan.hu

L'Harmattan Sénégal
10 VDN en face Mermoz
BP 45034 Dakar-Fann
senharmattan@gmail.com

L'Harmattan Cameroun
TSINGA/FECAFOOT
BP 11486 Yaoundé
inkoukam@gmail.com

L'Harmattan Burkina Faso
Achille Somé – tengnule@hotmail.fr

L'Harmattan Guinée
Almamya, rue KA 028 OKB Agency
BP 3470 Conakry
harmattanguinee@yahoo.fr

L'Harmattan RDC
185, avenue Nyangwe
Commune de Lingwala – Kinshasa
matangilamusadila@yahoo.fr

L'Harmattan Congo
219, avenue Nelson Mandela
BP 2874 Brazzaville
harmattan.congo@yahoo.fr

L'Harmattan Mali
ACI 2000 - Immeuble Mgr Jean Marie Cisse
Bureau 10
BP 145 Bamako-Mali
mali@harmattan.fr

L'Harmattan Togo
Djidjole – Lomé
Maison Amela
face EPP BATOME
ddamela@aol.com

L'Harmattan Côte d'Ivoire
Résidence Karl – Cité des Arts
Abidjan-Cocody
03 BP 1588 Abidjan
espace_harmattan.ci@hotmail.fr

Nos librairies en France

Librairie internationale
16, rue des Écoles
75005 Paris
librairie.internationale@harmattan.fr
01 40 46 79 11
www.librairieharmattan.com

Librairie des savoirs
21, rue des Écoles
75005 Paris
librairie.sh@harmattan.fr
01 46 34 13 71
www.librairieharmattansh.com

Librairie Le Lucernaire
53, rue Notre-Dame-des-Champs
75006 Paris
librairie@lucernaire.fr
01 42 22 67 13

www.ingramcontent.com/pod-product-compliance
Lightning Source LLC
LaVergne TN
LVHW051402061026
849535LV00009B/3315